Los cambios de estación

por Dale Cooper
ilustrado por Sheila Bailey

Mark Twain School
515 E. Merle Lane
Wheeling, IL 60090

Scott Foresman
is an imprint of

Glenview, Illinois • Boston, Massachusetts • Chandler, Arizona
Upper Saddle River, New Jersey

Illustrations by Sheila Bailey

ISBN 13: 978-0-328-53332-9
ISBN 10:   0-328-53332-7

Copyright © by Pearson Education, Inc., or its affiliates. All rights reserved. Printed in Mexico. This publication is protected by copyright, and permission should be obtained from the publisher prior to any prohibited reproduction, storage in a retrieval system, or transmission in any form or by any means, electronic, mechanical, photocopying, recording, or likewise. For information regarding permissions, write to Pearson Curriculum Rights & Permissions, One Lake Street, Upper Saddle River, New Jersey 07458.

Pearson® is a trademark, in the U.S. and/or other countries, of Pearson plc or its affiliates.

Scott Foresman® is a trademark, in the U.S. and/or other countries, of Pearson Education, Inc., or its affiliates.

4 5 6 7 8 9 10 V0B4 15

Nuestra ropa cambia con cada estación.

Usamos gorros en invierno y para la lluvia en primavera, y shorts en verano cuando salimos de paseo.

Las estaciones cambian, y los animales y las plantas también.

¿Te gustaría saber cómo cambian?

En otoño, el oso come todo el día.
Acumula grasa para el largo invierno.
Pasa el invierno dormido en su cueva.
¡Qué oso sinvergüenza!

En primavera, el oso sale de su cueva.

Es hora de volver a comer y dejar la siesta.

En invierno, el pelaje del zorro es como los copos blancos de nieve bajo sus patas.

En verano, su pelaje es castaño como el suelo que pisa a toda prisa.

invierno

verano

¿Cómo cambia este pájaro en invierno?

Le salen unos bultitos en las patas.

¡Son como zapatos, para no hundirse en la nieve!

invierno

En invierno, no hay flores en las praderas.
Llega la primavera y el Sol calienta todo.
¡Qué rosas tan primorosas brotan!

invierno

primavera

En primavera, el manzano se llena de botones blancos.

En verano y otoño, salen manzanas rojas, verdes o amarillas.

primavera

otoño

Los árboles necesitan el Sol del verano.

Con la luz y el calor sus hojas se ponen verdes.

En otoño, los días son más cortos.

Las hojas cambian de color y se caen.

En invierno, muchos árboles se quedan sin hojas.

Llega la primavera y las hojas salen.

Volverán a ser verdes en pocos días.

Las estaciones cambian.

En cada estación hacemos cosas distintas.

Los animales y las plantas también cambian.

¿Recuerdas qué les pasa?